CLAUDE DEBUSSY

Etudes, Children's Corner, Images Book II and Other Works for Piano

DOVER PUBLICATIONS, INC.
New York

Copyright © 1992 by Dover Publications, Inc.
All rights reserved under Pan American and International Copyright Conventions.

Published in Canada by General Publishing Company, Ltd., 30 Lesmill Road, Don Mills, Toronto, Ontario.
Published in the United Kingdom by Constable and Company, Ltd., 3 The Lanchesters, 162–164 Fulham Palace Road, London W6 9ER.

This Dover edition, first published in 1992, is a new collection of ten works originally published separately:
Nocturne en ré bémol, revu par I. Philipp, La Sirène Musicale, Paris, 1907.
Morceau de concours Nᵒ 6, in *Album Musica*, Tome III *(Supplément au numéro de* Musica *de Décembre 1905)*, Pierre Lafitte, Paris, 1905.
Children's Corner (Coin des enfants): Petite Suite pour Piano seul, A. Durand & Fils, Paris, 1908.
Images: 2ᵉ Série pour Piano seul, Durand, Paris, 1908.
Hommage à Haydn: Pièce écrite pour le centenaire de Haydn, 1909, Durand, Paris, 1910.
The Little Nigar: "Danse nègre dite Danse de gâteau," Alphonse Leduc, Paris, 1909.
"La plus que lente": Valse pour Piano, Durand, Paris, 1910.
Berceuse héroïque, Durand, Paris, 1915.
Six épigraphes antiques. Transcrits pour Piano à 2 mains par l'Auteur, Durand, Paris, 1915.
Douze Études pour le Piano, Durand, Paris, 1916.
A new glossary of French terms has been added.

Manufactured in the United States of America
Dover Publications, Inc., 31 East 2nd Street, Mineola, N.Y. 11501

Library of Congress Cataloging-in-Publication Data

Debussy, Claude, 1862–1918.
      [Piano music. Selections]
      Etudes ; Children's corner ; Images : book II ; and, other works for piano / Claude Debussy.
            p. of music.
      Reprint. Works previously published in Paris, 1905–1915.
      Includes glossary of French terms.
      Contents: Nocturne — Morceau de concours — Children's corner — Images : 2e série — Hommage à Haydn — The little nigar — La plus que lente — Berceuse héroïque — Six épigraphes antiques — Douze études.
      ISBN 0-486-27145-5 (pbk.)
      1. Piano music.
M22.D29D73   1992   92-753539
                                                                      CIP
                                                                        M

Contents

Glossary of French Terms

accords, chords
(en) animant, accelerando
animé, lively
animez, quicken
à peine, scarcely (touched)
appuyé, stressed, accented
arraché, snatched
assez, rather
au, to the
(en) augmentant, swelling
aussi . . . que, as . . . as
avec, with
basse, bass, *basses,* bass notes
brusquement, abruptly
buée, vapor, mist
calme, calm
capricieux, whimsical
caractère, character
cédez, rallentando
chanson populaire, folk song
chaque, each
clair, clear
comme, like
commencer, begin
(en) conservant, maintaining
contenu, reserved, restrained
dans, in
dansant, dancing
de, of, from
décidé, resolute
(en) dehors, prominently
délicat, délicatement, delicately
(au) dessous, below, slower than
doucement, softly, gently
doux, soft, dolce
du, of the
d'une, of a
écho, (like an) echo
effacé, unobtrusive
effilé, attenuated
effleuré, touched lightly
égal, even, *également,* evenly
émotion, emotion
emporté, passionately
encore, still
équivaut à, equals
estompé, blurred, indistinct
et, and
étouffé, muted

expressif, expressives, expressive
extrêmement, extremely
faites, make
fièrement, proudly, boldly
fin, end
frappez, strike
garder, retain, maintain
gauche, clumsy
gracieux, graceful
grande, great
grave, solemn
irisée, iridescent
joyeux, happily, joyfully
jusqu'à, until
la, the
laissez, let
le, the
léger, light
légèrement, lightly
lent(e), slow, lento
lenteur, slowness
les, the
librement, freely
livre, book
loin, afar
lointain(e), distant
lourdeur, heaviness
lumineux, luminous
mais, but
marqué, marcato
martelé, hammered, martellato
m.d., right hand
mesure, measure
mesuré, measured, moderato
m.g., left hand
modéré, moderato
modérément, moderately
moins, less
Mouvᵗ., tempo, *au Mouvᵗ.,* a tempo
mouvementé, lively
muettes, una corda
net, clear, distinct
ondoyant, undulating
pastorale, pastorale
pédale, pedal, *pédale forte,* damper pedal
(à) peine, scarcely (touched)
pénétrant, penetrating
peu, little, *peu à peu,* gradually
pincé, acciaccatura

plainte, lament
plus, more, *de plus en plus,* more and more, *de plus près,* nearer, *de plus loin,* more distant
possible, possible
précédent, preceding
près, near
presque, almost
presser, hurrying
profond, profound
progressivement, progressively
raideur, stiffness, severity
rapide, quick
refrapper, striking again
répéter, repeating
reprendre, take over
retarder, slowing
(en) retenant, slowing
retenir, slowing
retenu, slower
revenir, return
rien, nothing, inaudible
rigueur, rigor, strictness
rythme, rhythm, *rythmé,* rhythmical
sagement, steadily
sans, without
(en) s'apaisant, becoming calmer
sec, dry
sécheresse, dryness
(en) serrant, quickening
sonore, sonorous
souple, supple, flexible
sourdement, muffled, *sourdement tumultueux,* with a muffled turbulence
sourdine, soft pedal
soutenu, sustained
strident, harsh
sur, on
temps, beat, measure
toujours, (becoming) steadily
très, very
triste, sad, melancholy
tumultueux, turbulent
un(e), a, an, one
valse, waltz
vaut, equals
vibrer, ring
vite, quick
Iᵉʳ, first, *Iᵉʳ Mouvᵗ.,* tempo primo

NOCTURNE

MORCEAU DE CONCOURS

Assez animé et très rythmé

CHILDREN'S CORNER

A ma chère petite Chouchou, avec les tendres excuses de son Père pour ce qui va suivre.

C. D.

To my dear little Chouchou, with her Father's fond apologies for what follows.

C. D.

I. Doctor Gradus ad Parnassum

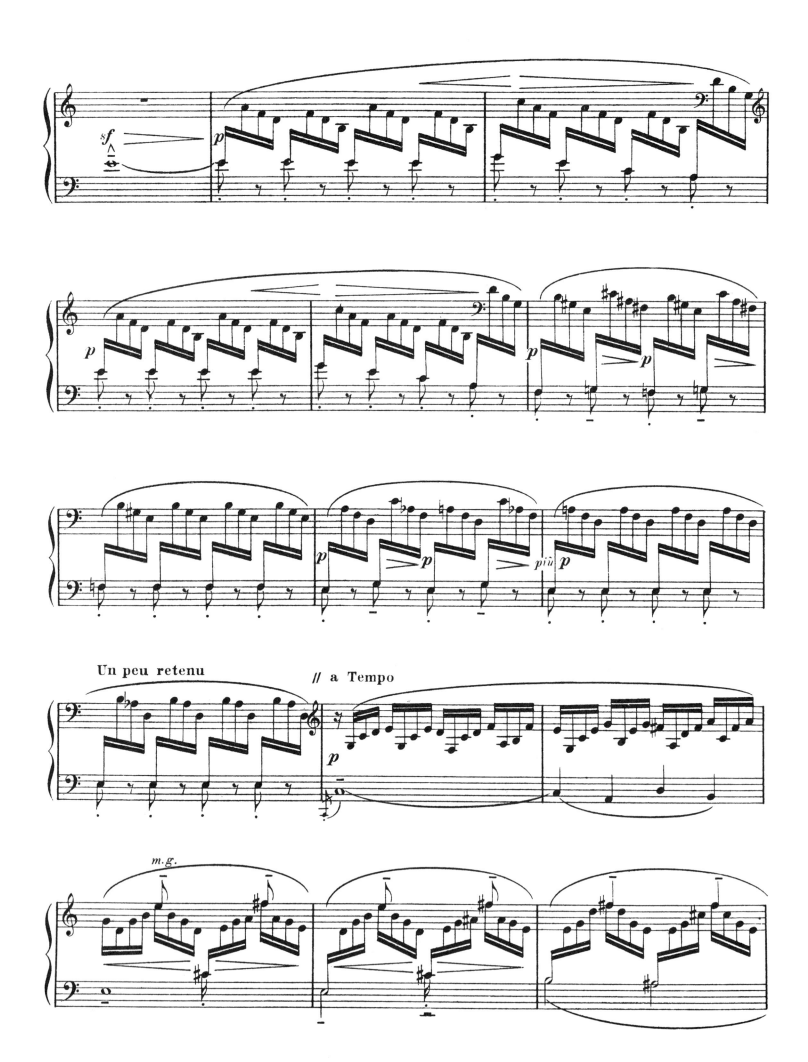

Très animé

II. Jimbo's Lullaby

III. *Serenade of the Doll*

(✶) *Il faudra mettre la pédale sourde pendant toute la durée de ce morceau, même aux endroits marqués d'un f.*
One must hold down the soft pedal for the entire duration of this piece, even at the passages marked *f*.

22   CHILDREN'S CORNER

a Tempo

IV. The Snow Is Dancing

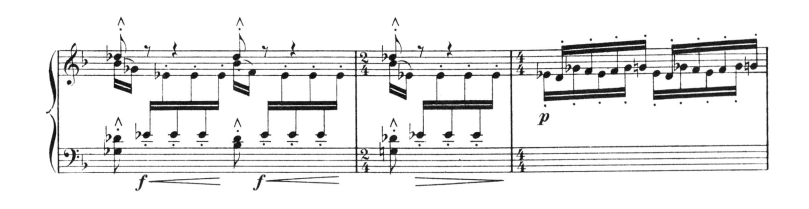

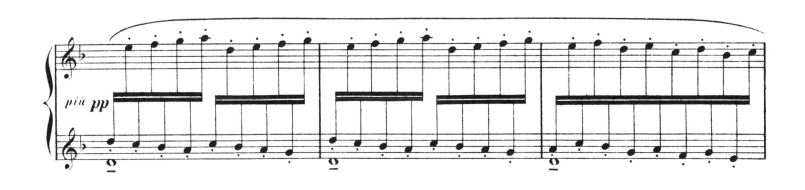

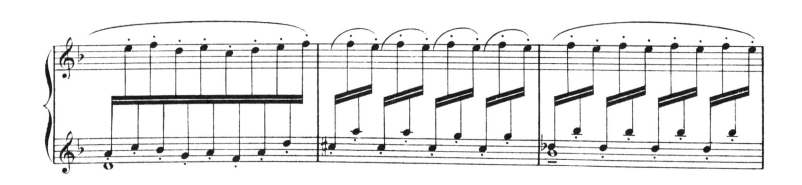

V. The Little Shepherd

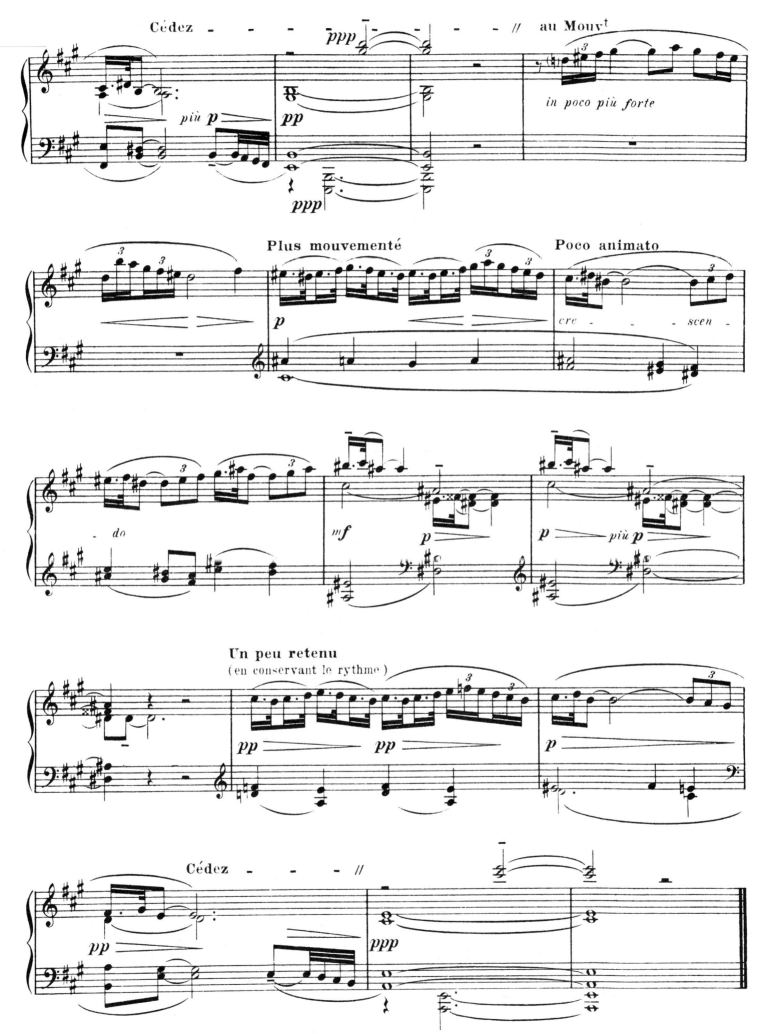

VI. Golliwogg's Cake Walk

IMAGES

2e Série

Cloches à travers les feuilles

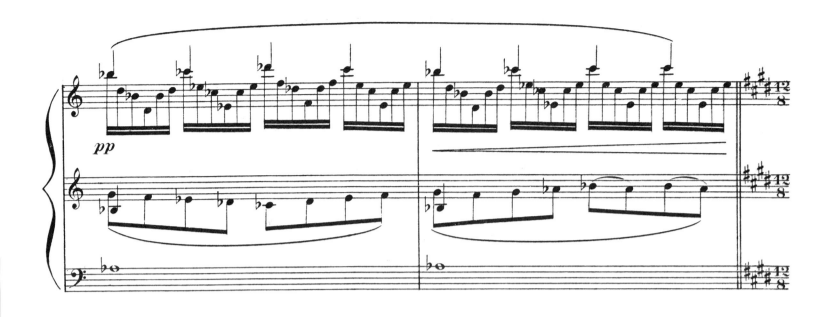

Un peu animé et plus clair

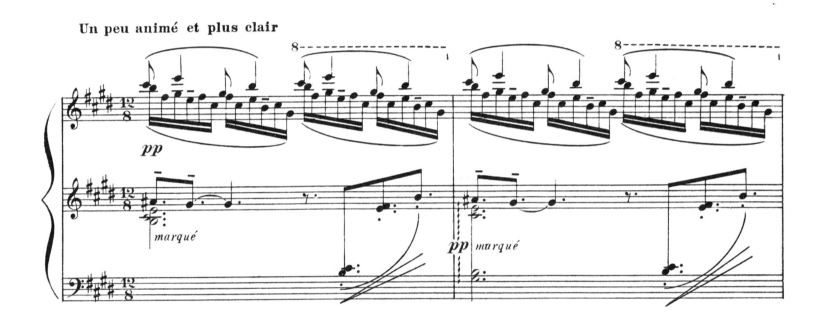

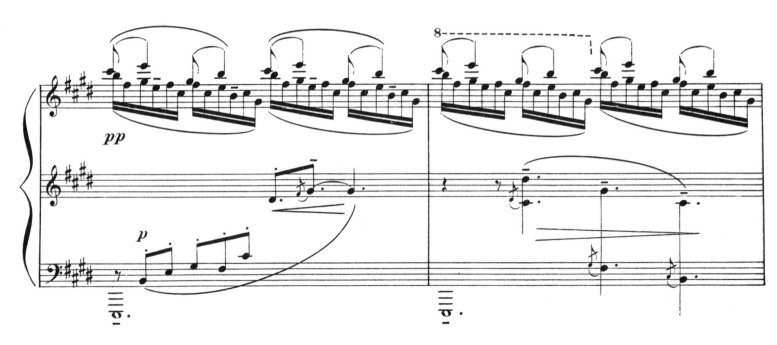

Et la lune descend sur le temple qui fut

Poissons d'or

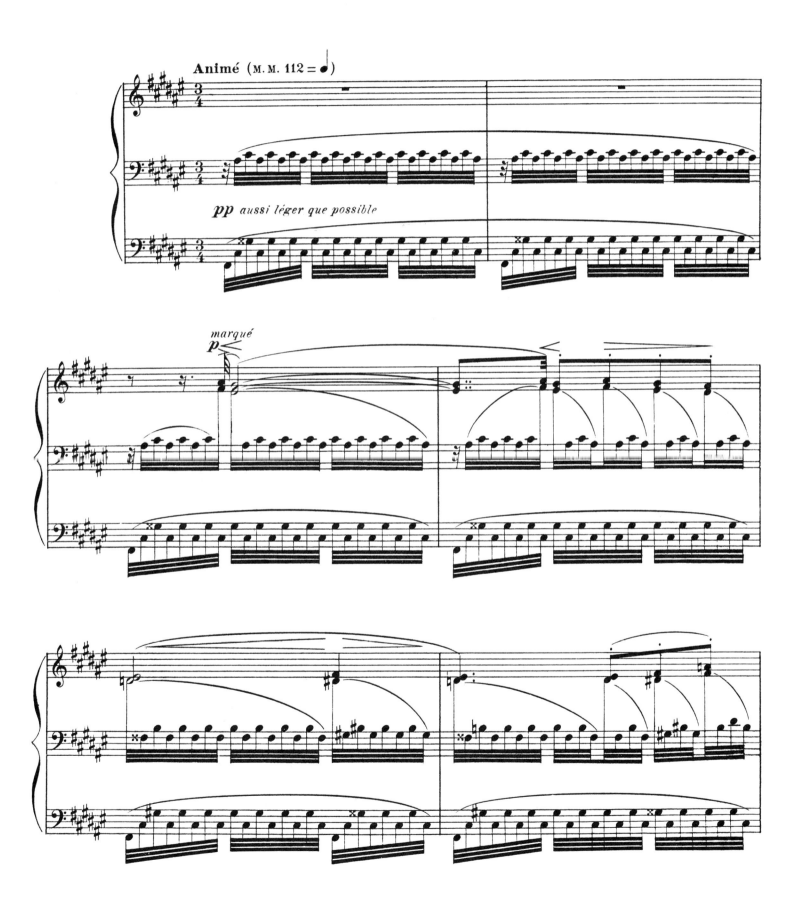

Poissons d'or

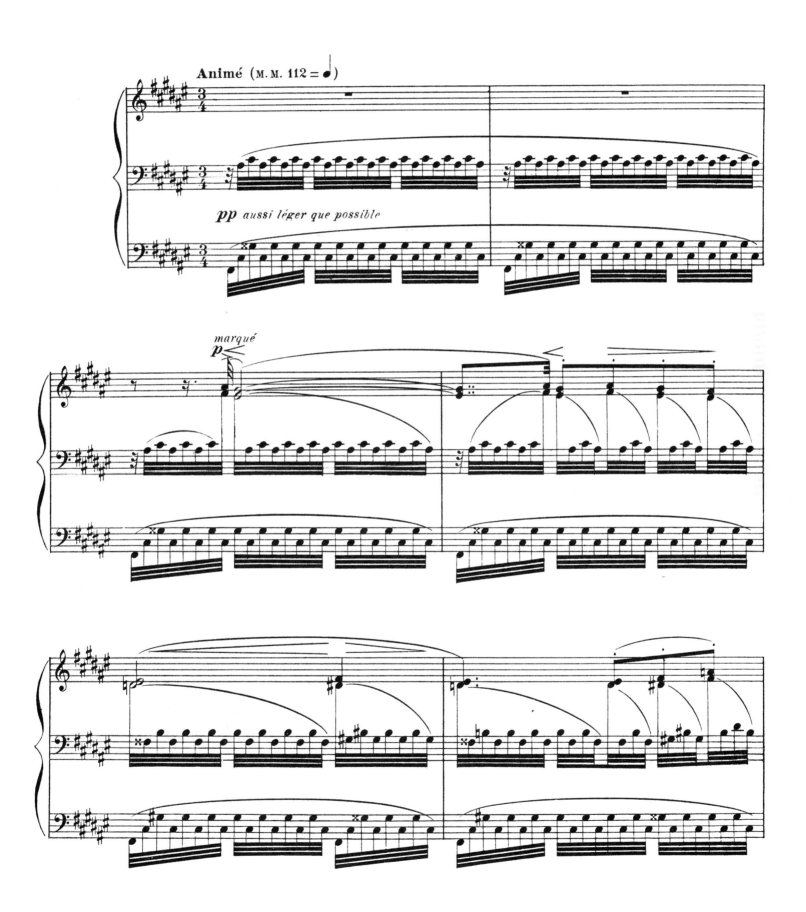

Capricieux et souple

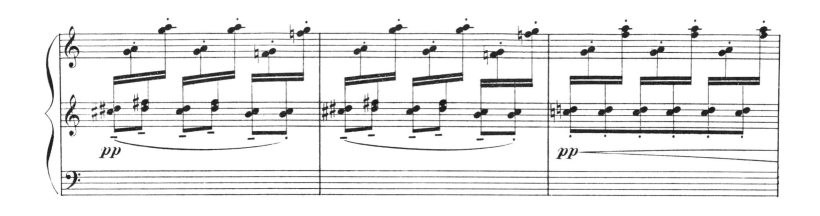

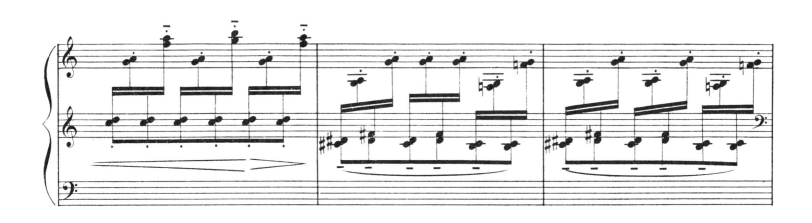

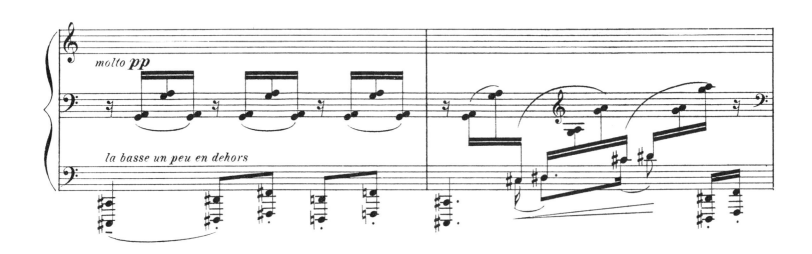

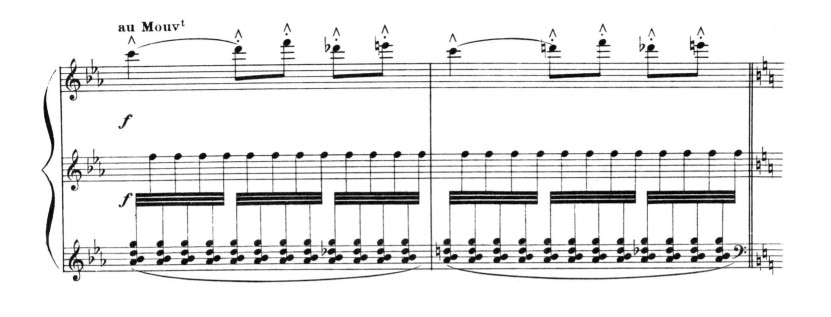

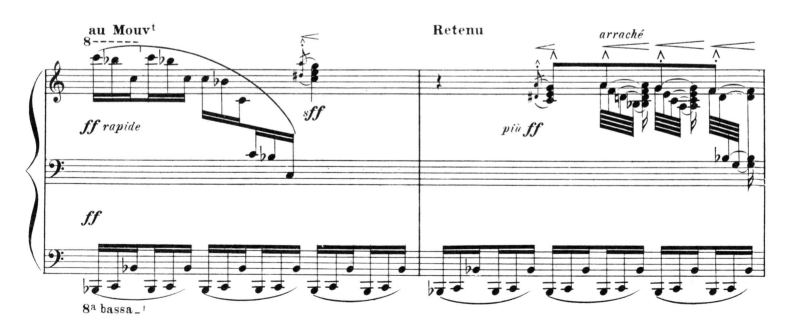

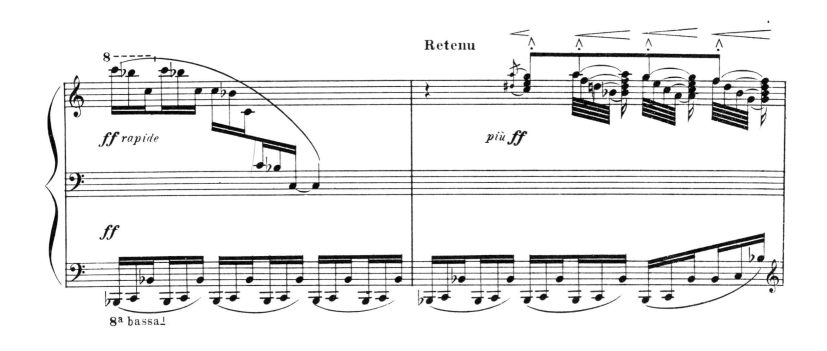

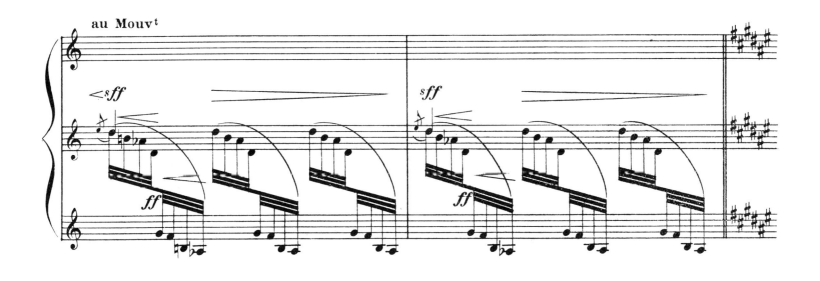

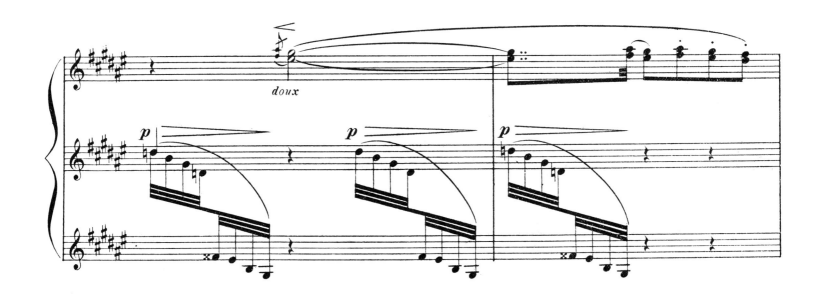

En s'apaisant

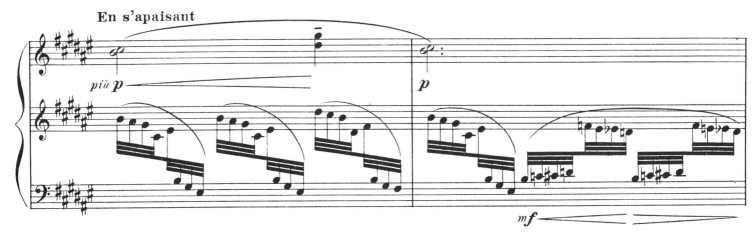

Cédez

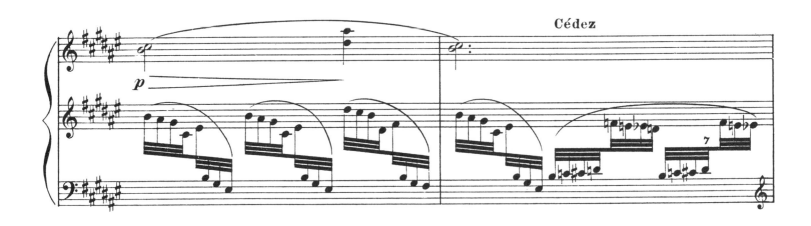

Commencer au dessous du Mouv^t

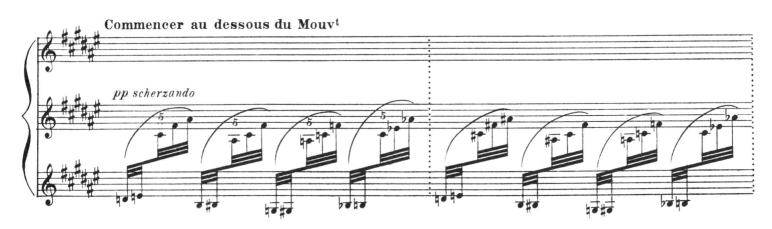

au Mouv^t et en serrant jusqu'à la fin

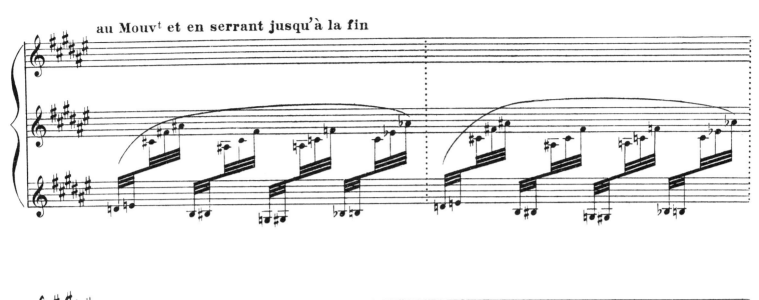

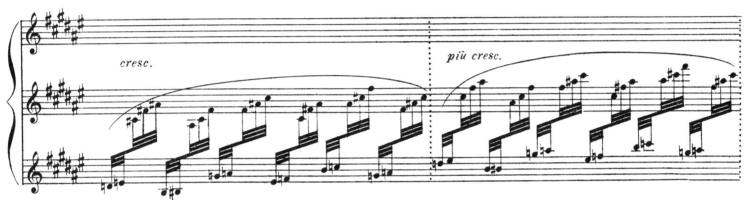

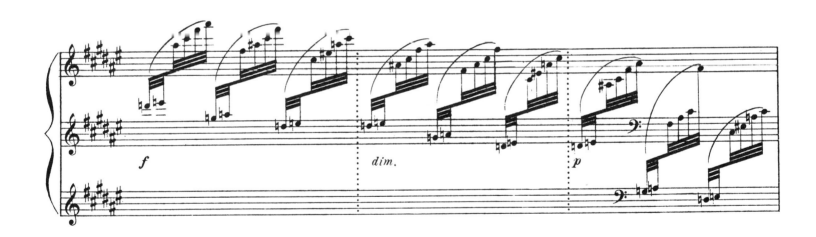

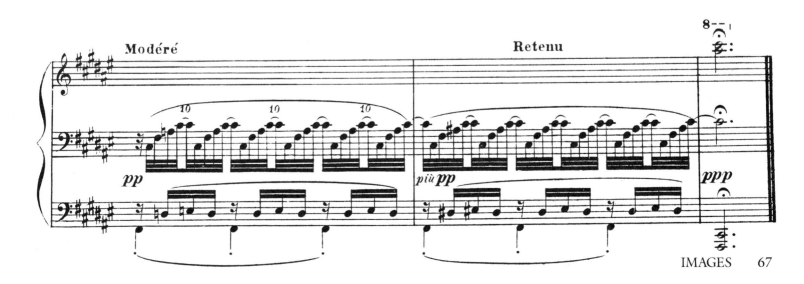

HOMMAGE À HAYDN

THE LITTLE NIGAR

LA PLUS QUE LENTE

Valse

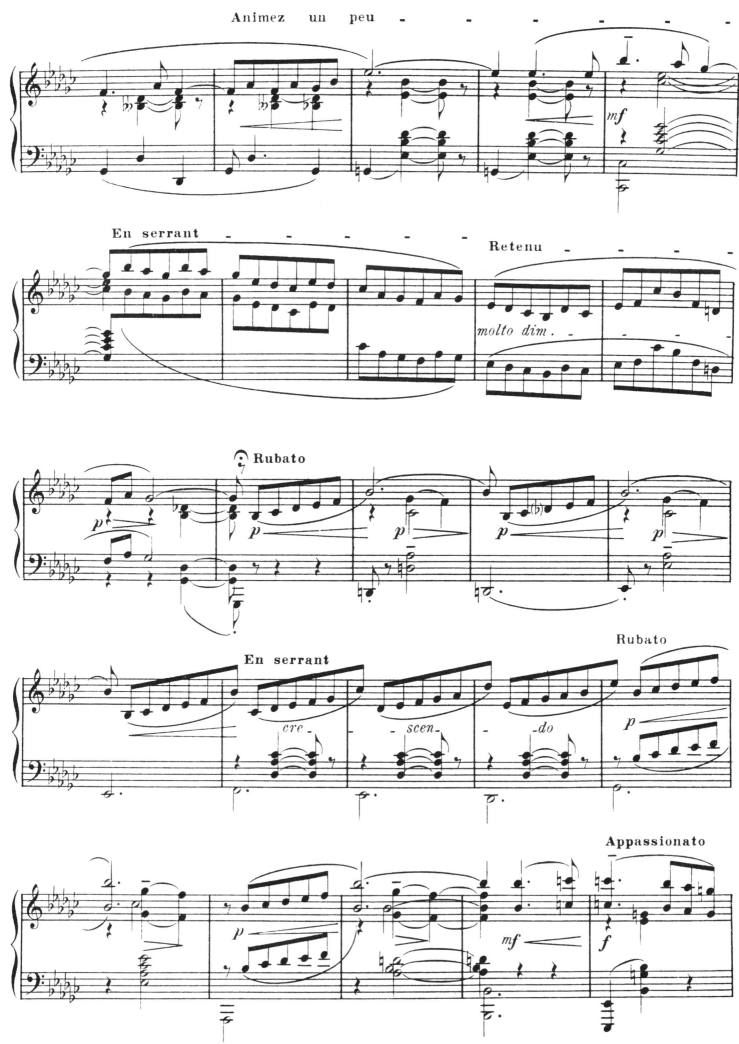

BERCEUSE HÉROÏQUE

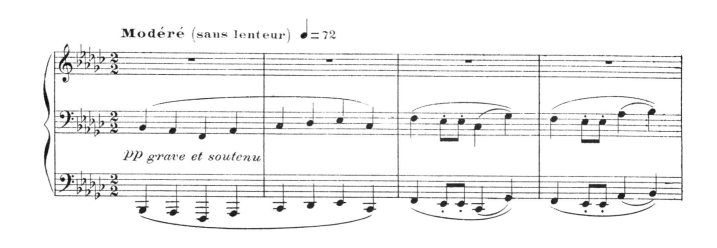

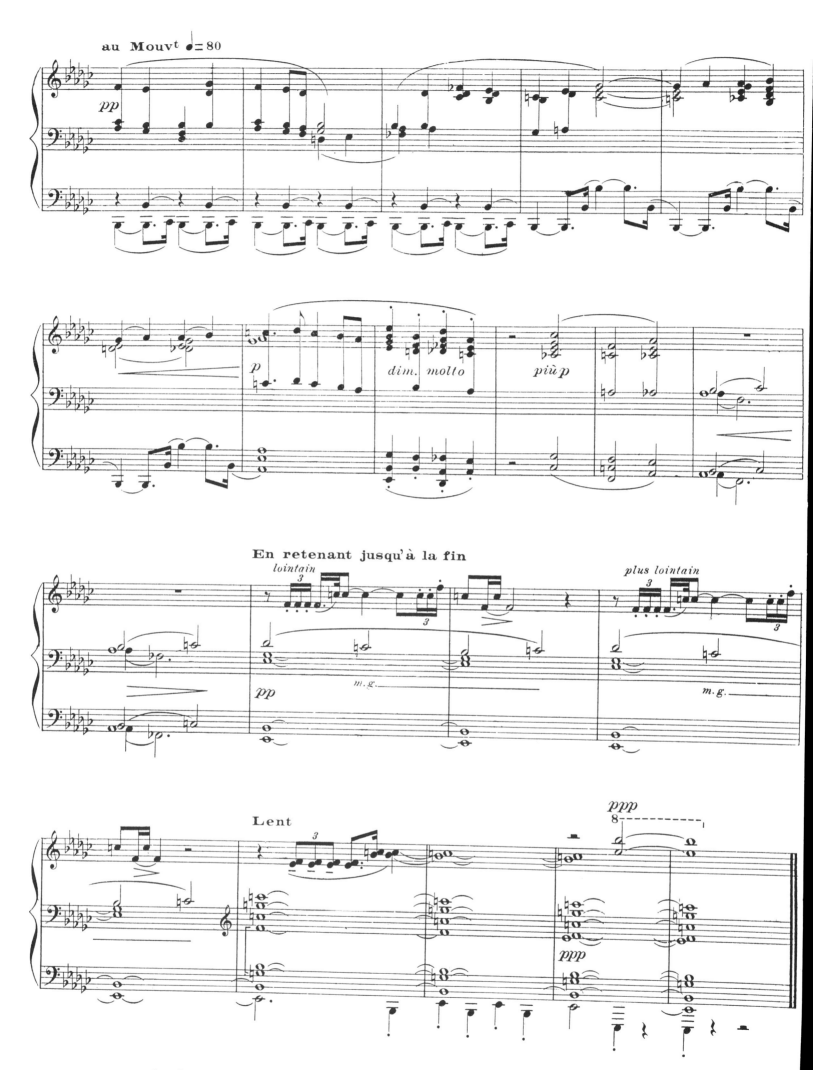

SIX ÉPIGRAPHES ANTIQUES

I. Pour invoquer Pan, dieu du vent d'été

II. Pour un tombeau sans nom

III. Pour que la nuit soit propice

IV. Pour la danseuse aux crotales

V. Pour l'Egyptienne

VI. Pour remercier la pluie au matin

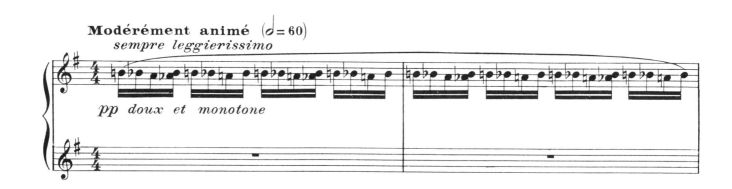

DOUZE ÉTUDES

Quelques mots....

Intentionnellement, les présentes *Etudes* ne contiennent aucun doigté; en voici brièvement la raison:

Imposer un doigté ne peut logiquement s'adapter aux différentes conformations de la main. La pianistique moderne a cru résoudre cette question en en superposant plusieurs; ce n'est qu'un embarras... La musique y prend l'aspect d'une étrange opération, ou par un phénomène inexplicable, les doigts se devraient multiplier...

Le cas de Mozart, claveciniste précoce, lequel ne pouvant assembler les notes d'un accord, imagina d'en faire une avec le bout de son nez, ne résoud pas la question, et n'est peut-être dû qu'à l'imagination d'un compilateur trop zélé?

Nos vieux Maîtres,-je veux nommer "nos" admirables clavecinistes-n'indiquèrent jamais de doigtés, se confiant, sans doute, à l'ingéniosité de leurs contemporains. Douter de celle des virtuoses modernes serait malséant.

Pour conclure: l'absence de doigté est un excellent exercice, supprime l'esprit de contradiction qui nous pousse à préférer ne pas mettre le doigté de l'auteur, et, vérifie ces paroles éternelles: "On n'est jamais mieux servi que par soi-même."

Cherchons nos doigtés!

C. D.

A few words . . .

The present *Etudes* intentionally do not include any fingering; here, briefly, is the reason:

Prescribing one fingering cannot be consistently suitable for different hand structures. Modern pianism has thought to solve this problem by superposing several; this represents only an obstacle . . . The music in this way comes to resemble a strange process in which, by an inexplicable phenomenon, the fingers are required to multiply . . .

The case of Mozart, the precocious harpsichordist who, not being able to play all the notes of a chord, hit on the idea of playing one with the end of his nose, does not resolve the question, and is it not perhaps only the product of the imagination of a too-enthusiastic compiler of anecdotes?

Our old Masters—I should specify *our* admirable clavecinists—never indicate fingerings, no doubt trusting in the ingenuity of their contemporaries. To mistrust that of modern virtuosos would be unseemly.

To conclude: The absence of fingering represents an excellent exercise, obviates the spirit of contradiction that moves us to prefer not to use the fingering of the composer, and confirms these eternal words: "One is never better served than by oneself."

Let us find our own fingerings!

C. D.

Book I

I. Pour les "cinq doigts"——d'apres Monsieur Czerny

II. Pour les tierces

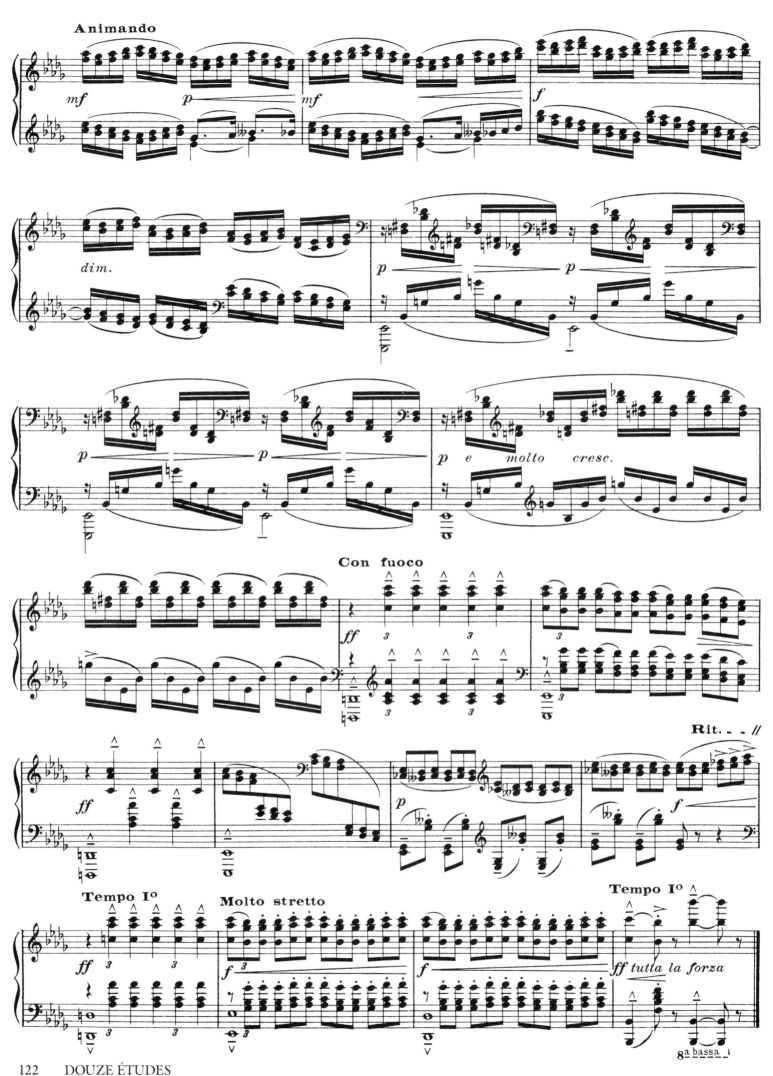

III. Pour les quartes

IV. Pour les sixtes

V. Pour les octaves

Joyeux et emporté, librement rythmé

VI. Pour les huit doigts

Vivamente, molto leggiero e legato

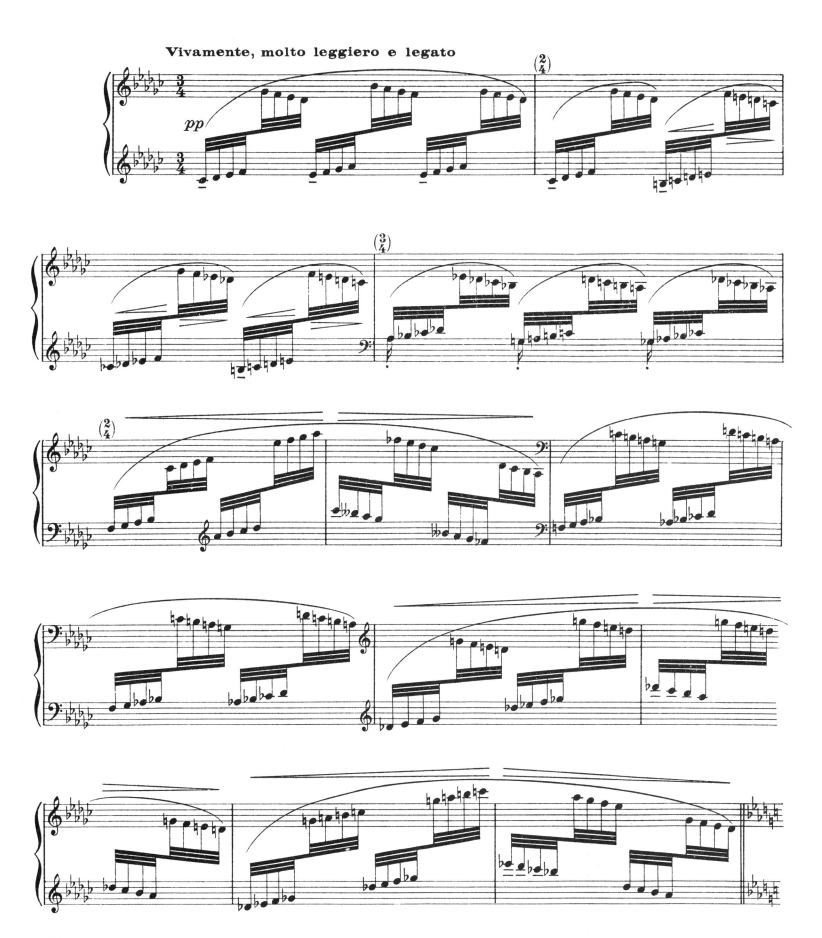

(*) *Dans cette étude, la position changeante des mains rend incommode l'emploi des pouces, et son exécution en deviendrait acrobatique.*

In this etude the changing position of the hands makes the use of the thumbs uncomfortable, and its execution with them becomes acrobatic.

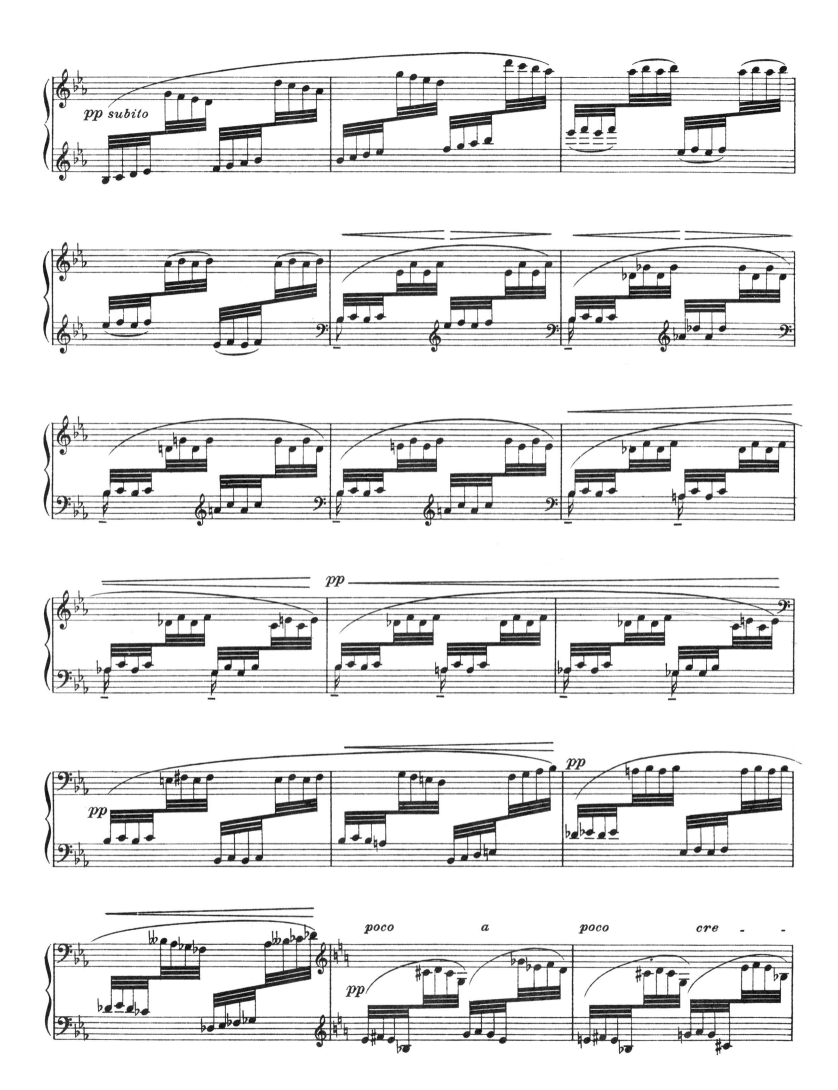

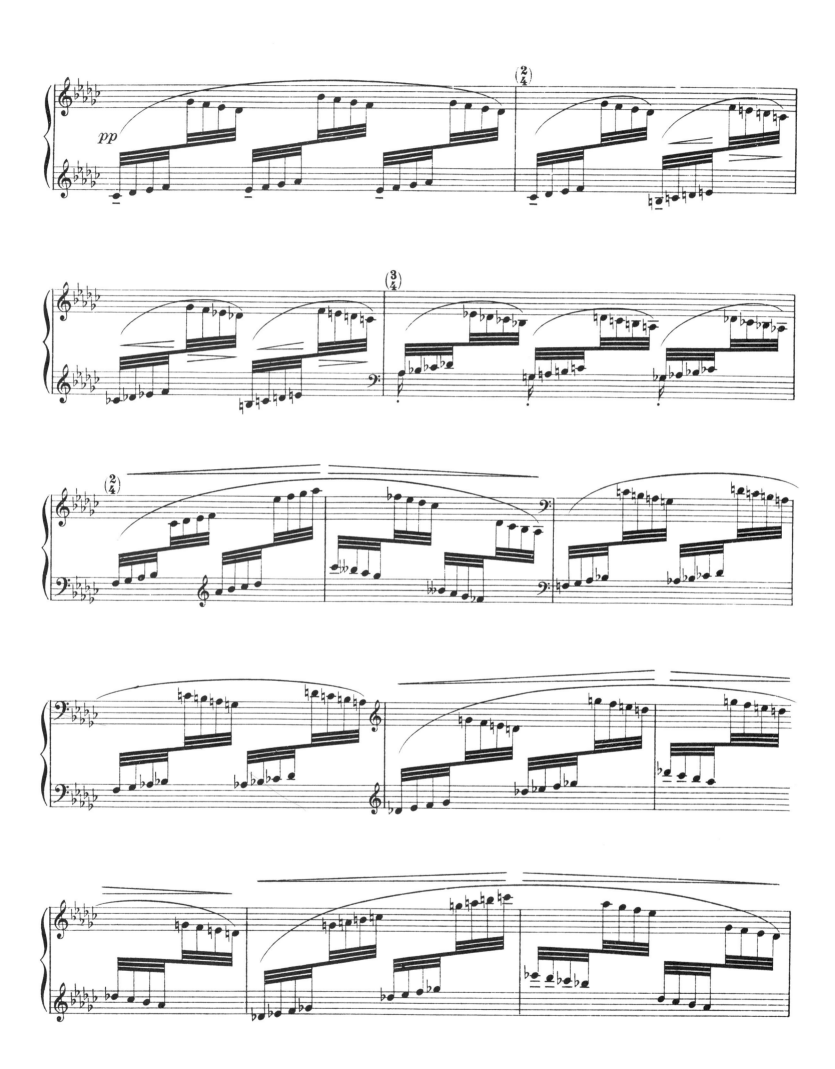

les basses légèrement expressives

Accelerando poco a poco

sempre *f* ma sempre leggieriss.

Fin du 1er Livre

Book II

VII. Pour les degrés chromatiques

Scherzando, animato assai

PIANO

VIII. Pour les agréments

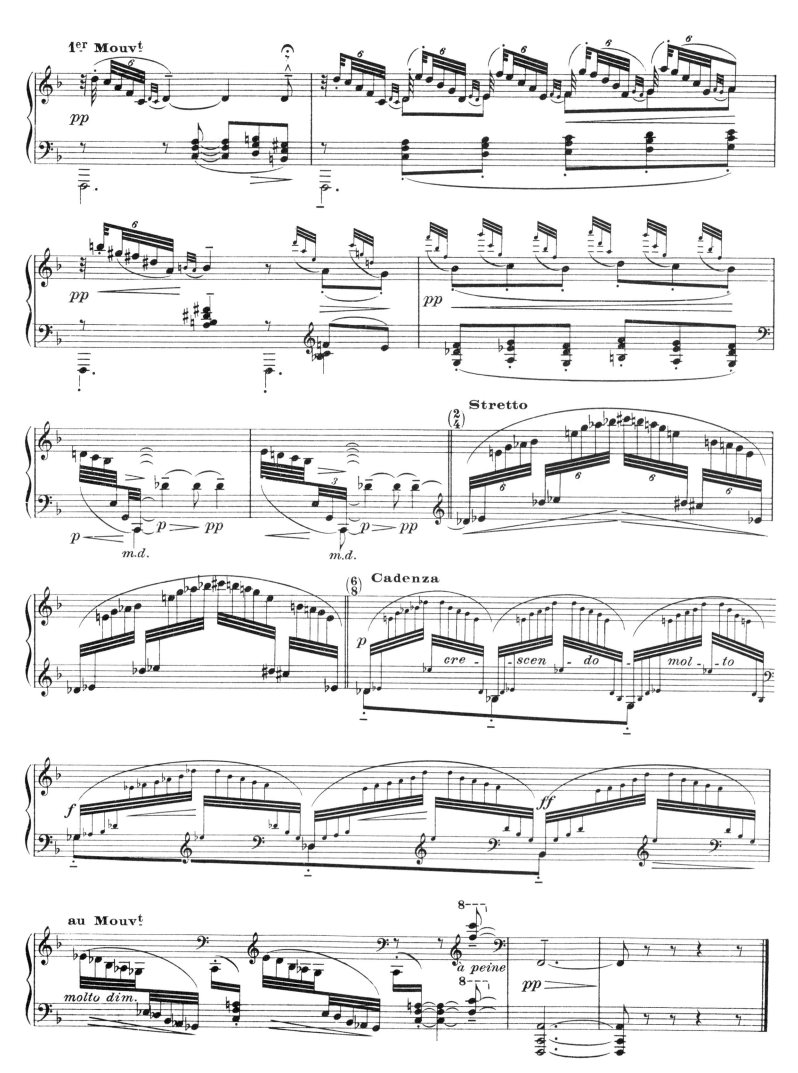

IX. Pour les notes répétées

Scherzando

X. Pour les sonorités opposées

XI. Pour les arpèges composés

XII. Pour les accords

Décidé, rythmé, sans lourdeur

THE END